AF377958

Jean Hautepierre

La Sonora

tragédie

Les Inclassables de l'ODS N°7

ISBN : 978-2-38014-090 -3
EAN : 9782380140903
Collection : Les Inclassables de l'ODS N°7
ISSN de la collection : en cours
Dépôt légal : Juillet 2024
Mise en page : Sabrina Pamies
Illustrations fournies par l'auteur

NOTICE SUR L'AUTEUR

Jean Hautepierre est auteur tragique. Parallèlement à la poursuite de son œuvre poétique, il a traduit des poèmes d'Edgar Allan Poe et de Clark Ashton Smith et publié, de 1995 à 2007, *La Lettre de Jean Hautepierre*, anthologie trimestrielle de poèmes contemporains.

DU MÊME AUTEUR

THÉÂTRE ET AUTRES ŒUVRES POÉTIQUES

Prélude au Siège, Le Méridien éditeur, Paris, 1989.

Néron (tragédie en vers), Publibook, Paris, 2004.

Le Siège (épopée), Publibook, Paris, 2007.

Tristan et Yseult (tragédie en vers), Pardès, Grez-sur-Loing, 2013.

Le Roi en Jaune (diptyque de tragédies en vers comprenant *Le Prince de Carcosa* et *Le Roi en Jaune*), L'Œil du Sphinx, Paris, 2015.

Louis XIII (tragédie en vers), Pardès, Grez-sur-Loing, 2019.

Le Testament de la licorne, précédé des *Idoles*, Unicité, Saint-Chéron, 2020.

Jean Sobieski (tragédie en vers), Pardès, Grez-sur-Loing, 2020.

Los Angeles (tragédie en vers), L'Œil du Sphinx, Paris, 2022.

BIOGRAPHIE

Qui suis-je ? Edgar Poe, Pardès, Grez-sur-Loing, 2012.

ROMAN

Le Meurtre de la Tour de Cristal (roman du cycle du *Siège*), Unicité, Saint-Chéron, 2015.

TRADUCTIONS

Poèmes d'Edgar Allan Poe (traduction intégrale), Publibook, Paris, 2008.

Celui qui marchait parmi les étoiles (choix de poèmes de Clark Ashton Smith, ouvrage bilingue), L'Œil du Sphinx, Paris, 2012.

Urban Sax, Les musiciens de l'infini (ouvrage bilingue, trad. anglaise du texte en français de Marc-Louis Questin), Unicité, Saint-Chéron, 2016.

Un cube chromé à l'intérieur d'une coquille d'œuf cassée (trad. du texte en anglais d'Erich von Neff), Les Solicendristes, Sarrians, 2016.

Le Cabaret de la souris rugissante (trad. du texte en anglais d'Erich von Neff), Atelier de l'agneau, Saint-Quentin-de-Caplong, 2019.

Can't Get No (Satisfaction) (roman graphique de Rick Veitch), Delirium, Nogent-sur-Marne, 2021.

AVANT-PROPOS

Voici, avec *La Sonora*, une quatrième tragédie fantastique qui fait immédiatement suite à *Los Angeles*. De façon plus lointaine, elle suit également *Le Prince de Carcosa* et *Le Roi en Jaune* — même si ce rattachement n'a pas été voulu dans les tout premiers temps de la conception de cette nouvelle pièce, illustrant ainsi le propos de Proust, dans *La Prisonnière*, sur les cycles littéraires et artistiques qui ne se sont révélés à leur auteur en tant que cycles que dans un second temps. Proust, ayant sans doute à l'esprit sa propre *Recherche*, voit en une telle « *unité ultérieure, non factice* », de laquelle il donne Wagner et Balzac pour exemples, un facteur de réussite. Sans vouloir bien sûr me comparer à ces trois génies, puisse ce jugement critique s'appliquer un tant soit peu à ma tétralogie fantastique !

Tétralogie : voilà qui dit quelque chose de la relative complexité du tout que constituent ces quatre tragédies fantastiques qui apparaissent, en regard de mes quatre tragédies historiques, comme un ensemble face à des œuvres individuelles. Là où chacune de ces dernières constitue une unité qui s'ouvre, se referme et se conclut sur elle-même, il y a ici imbrication, échafaudage — non point d'ailleurs échafaudage symétrique, puisque *La Sonora* succède à une seule tragédie du côté de *Los Angeles*, à deux tragédies successives du côté du *Prince de Carcosa* et du *Roi en Jaune*.

Par l'aboutissement que représente *La Sonora*, par les thèmes qu'elle évoque, certains seront peut-être tentés d'y voir une forme de testament poétique. En effet, plus encore peut-être que pour mes autres pièces, on peut parler ici d'une tragédie de la Mort : mort de Stello, mort de la plus grande partie de la civilisation, illusoire survie individuelle représentée par le culte du Masque Pâle et ses cohortes de morts-vivants. Et en arrière-plan, toile de fond omniprésente de cet immense théâtre d'ombres, l'Univers, qui est une gigantesque machine à créer de la vie, à la dilapider dès ses premiers instants, à la tourmenter et à la détruire.

Il est bien connu que, comme le dit un jour Mallarmé à Degas, *« on ne fait pas un poème avec des idées, mais avec des mots »*. Cela étant — et sans vouloir m'opposer à cette profonde réflexion du Maître —, on fait tout de même un tant soit peu une pièce de théâtre avec des idées, ceci peut-être parce qu'une pièce, même quand son auteur vise, comme je le fais, à *mettre la poésie sur scène*, et compose avec elle un long poème, n'est pas *uniquement* un poème. Les idées, dans cette conception qui est la mienne (et qui, sur ce point en tout cas, rejoint la conception qu'avait Edgar Poe de la poésie), ne sauraient donc être absentes du théâtre poétique. Mais elles n'apparaissent qu'en arrière-plan : les mots et la Beauté, qui a vocation à trôner par eux et au-dessus d'eux, occupent le devant de la scène.

Ainsi l'on verra Stello, Régent de la Sonora, esquisser ici la théorie, neuve me semble-t-il, de l'État pessimiste :

> *Jetés par le Destin tout au fond de l'arène*
> *Aux armes du malheur, aux armes de la peine,*
> *Il vaudrait mieux, nous le savons, que tout soit vain,*
> *Que nul être ne soit et qu'il n'existe rien,*
> *Que l'on n'entende pas résonner jusqu'aux astres*
> *Le vacarme hurlant de l'éternel Désastre.*
> *Mais puisqu'il est encor des ombres, des errants,*
> *Que la Terre a porté ces ténébreux enfants,*
> *Puisque par-dessus tout de leurs pas qui persistent*
> *Ils rythment, lancinants, l'écho des heures tristes,*
> *J'ai voulu, surmontant les flots du Grand Malheur,*
> *Fonder une arche à la fulgurante splendeur.*

Certes, il est douteux qu'on puisse gouverner un État à partir d'une vision schopenhauerienne du monde. Cependant, une telle théorie, si un penseur politique jugeait utile de la formuler, viserait en particulier à résoudre, avec des prémisses bien différentes, cette question centrale qui se pose à toute théorie chrétienne de l'État : comment maintenir une société en la fondant sur des principes (dont, tout spécialement, la répugnance à l'égard du monde) qui rendent *a priori* problématique le fonctionnement même d'une société ? D'ailleurs il se pourrait bien, ainsi que le proclame le chœur des fantômes des avortés, qu'une grande partie de la société contemporaine ou de celle de 2050 méritent d'être purement et simplement anéanties. Cependant, la mission de Stello, comme celle de tout chef d'État, est d'éviter une telle issue — sans forcément croire cela possible.

De façon plus particulière, j'ai voulu rendre hommage ici à cet aventurier étrange et mystérieux que fut le comte de Raousset-Boulbon, dont la geste m'a donné l'idée première de cette tragédie. C'est peut-être par égard pour lui, aussi bien que par crainte face au Destin, que Stello s'est proclamé Régent et non Roi de la Sonora qui, sous Raousset-Boulbon, fut une éphémère République autoritaire ayant fait sécession du Mexique, et aux institutions demeurées indéfinies :

Ainsi, face au Destin qui dans l'ombre s'avance,
Je n'ai rien proclamé d'autre que la Régence,
Ne voulant pas risquer, d'un suprême défi,
De nous voir quelque jour moins oubliés de lui.

La Régence est une institution pour les temps difficiles — une institution d'avenir, sans doute… Une institution archéofuturiste, pour reprendre ce mot créé par Guillaume Faye. Archéofuturiste elle l'est aussi, cette coexistence des chars d'assaut, des chevaux, des bazookas, des avions et, un peu plus pacifiquement, d'Internet, dans un univers dévasté. De même, on pourra voir en la bataille finale une lointaine évocation de l'attaque des Troyens contre la flotte grecque dans *L'Iliade*. Un tel effet de surprise paraîtra d'ailleurs peu probable ; il m'est aisé de rappeler que mon premier souci, non plus que l'exposition d'idées ou la recherche de la vérité, n'est pas la vraisemblance, mais la Beauté. Et du reste, n'a-t-on pas vu maintes fois de telles surprises intervenir dans l'histoire militaire, dont notamment lors de la bataille de Vienne de 1683, cadre de l'une de mes tragédies historiques ? Quant à l'un de ces facteurs d'invraisemblance, à savoir l'absence d'une aviation (alors que la persistance de celle-ci, en ce temps futur post-apocalyptique, est évoquée par le chœur des internautes) qui préviendrait le Roi en Jaune et les Grandes Compagnies de l'attaque de la Sonora, elle peut s'expliquer par le caractère de leurs forces armées, navales et issues d'un débarquement naval qui fut le terme d'un voyage probablement long, et par le fait que bien des flottes ne disposent pas de porte-avions.

Stello affirme enfin que la véritable action à mener se distingue de tout ce que lui dictent le Diable, la Mort et le Roi en Jaune. Elle consiste à créer une véritable cause, en agissant véritablement sur soi-même et sur le monde, ou même par le seul rêve, lorsque celui-ci est pleinement vécu :

> *Je n'ai jamais aimé qu'un souffle, une étincelle,*
> *Non la vie, mais le rêve épars qui est en elle*
> *Et qui, hors de l'ivresse et de l'éternité,*
> *Semble n'avoir pas même un seul jour existé.*
> *Car seul cet acte pur qui le métamorphose*
> *Exalte le réel jusqu'à l'ultime Cause ;*

Paris, les 4 septembre et 16 octobre 2023[1],

Jean HAUTEPIERRE

---

1   Comme pour certaines autres de mes tragédies, les deux dates indiquées sont celle de l'achèvement de la version préparatoire de la pièce et celle de l'achèvement de son avant-propos, qui suit de très près celui de la version définitive de la pièce.

PERSONNAGES

LE DIABLE

LA MORT

LE ROI EN JAUNE

STELLO, *Régent de la Sonora.*

MÉLAAINOS

DOCTEUR NOIR

LE VENT DU DÉSERT

L'ORACLE, *Indienne aveugle et visionnaire.*

LE MESSAGER

LES PISTOLEROS

LE CHŒUR

LES DEUX CHŒURS DU PEUPLE

LE CHŒUR DES FANTÔMES DES AVORTÉS

LE CHŒUR DES FANTÔMES DES MORTS DES GUERRES

LE CHŒUR DES FANTÔMES DES MORTS DES MALADIES

LE CHŒUR DES GRANDES COMPAGNIES

LE CHŒUR DES INTERNAUTES

DEUX DANSEURS

L'ASSASSIN

L'action se déroule aux alentours de 2050 à Hermosillo, capitale de l'État de la Sonora, puis dans le désert, face au port de Guaymas.

LA SONORA

ACTE PREMIER

SCÈNE PREMIÈRE

Stello, Docteur Noir, deux danseurs

La salle de bal du palais d'Hermosillo, aux nombreuses colonnes.
Un grand bal tire à sa fin et les deux derniers danseurs dansent sur l'ouverture de Galatée *de Franz von Suppé ; ils se retirent quand la musique s'achève.*
Restent Stello, Régent de la Sonora, et son conseiller et ami, le Docteur Noir.

Stello

C'est ainsi, Docteur Noir, que s'achève la danse ;
Déjà dans le lointain s'enfuit son rêve immense
– Et l'on verra longtemps, errante dans le soir,
Ombre du souvenir quand le jour vient s'asseoir,
S'évanouir l'écho de sa vive lumière,
Les ultimes splendeurs du soleil de la terre.

C'est ainsi que l'on voit passer le flot sans fin
Des heures et des jours, et les coups du Destin,
Le lent défilement de la joie, de la peine
Qui peuplent tour à tour nos rives incertaines,
Le tonnerre et l'éclair et leur choc infernal
D'un souffle éperdument brisant un soir fatal ;
Et le règne sans fin des Destinées mauvaises

Déploie le voile noir d'un mal que rien n'apaise,
Écartelant la vie et jetant le trépas
Au bruit toujours vainqueur de chacun de leurs pas.

Je n'ai connu que lui depuis la sombre année
Où Satan m'arracha du seuil de l'Empyrée,
Rêvant, après m'avoir soustrait au Paradis,
De m'attirer plus bas dans son gouffre maudit.
Oui ; car s'il m'a fait don de cette vie nouvelle
En éloignant de moi le trépas qui m'appelle,
C'est dans l'espoir mauvais qu'une dernière fois
Je m'élance au-devant de sa suprême voix
Et que, toujours cavalcadant à l'assaut d'un empire vide,
Ultime fin que nul n'atteint au jour ardent du suicide,
Je retrouve au-delà de tout, sur les cendres de mon cercueil,
Le règne éternel des regrets parcouru des ombres du deuil.

Et j'ai marché sans fin sous le vent du Désastre,
La malédiction solennelle des astres,
À travers les flots morts et les murs dévastés
À l'horizon lointain des anciennes cités
— Ô vous ! Fières cités, je pleure vos décombres
Où rien, plus rien de vous ne vit parmi les ombres,
Où même le soleil trop las du Grand Malheur
Ne jette plus des cieux qu'un reste de lueur.

SCÈNE 2

Stello, Docteur Noir, le chœur des fantômes des avortés

Le chœur des fantômes des avortés

Mais nous ! qui fûmes arrachés, sanglants, du ventre de nos mères,
Démembrés, fracassés, broyés avant d'avoir vu la lumière,
Pilés en sérums, en vaccins, ou dévorés par les fourneaux
Où vont brûler les avortés, ceux qui sont privés de tombeau,
Sur les ruines de ce qui fut nous ne versons pas une larme !
En voir la dévastation a pour nous d'indicibles charmes
Et, au plus haut du froid bonheur qu'atteignent les spectres errants,
Nous exultons de voir monter à l'assaut du monde expirant,
Strident, lancé par-dessus tout, perçant les cieux et les nuées,
Cri des âmes qui ne sont plus aux âmes qui les ont tuées,
Le cri que nous poussons toujours, échappé du fond de l'oubli,
Joint à l'essor victorieux du flot des forces de l'esprit !
Puisse-t-il prendre quelque part, tant implacable est notre rage,
À la poursuite du chaos, de la ruine et du naufrage !

Stello

Je vous entends, je vous déplore, infortunés
Qu'un monde agonisant un jour a condamnés !
Je ne puis rien répondre au chant de votre haine
Toujours plus douloureuse et toujours plus certaine,
Sinon les tristes mots que je clame en tous lieux,
Se mêlant au grand deuil qui règne sous les cieux.

Je vous pleure, cités ravagées par la guerre,
Dont les cris douloureux hantent partout la terre,
Percées de part en part comme elle de vos flancs
Et vidées et noyées des flots de votre sang !
J'ai longtemps parcouru l'horreur de vos ruines
Que pour dernier flambeau le soleil illumine,
Laissé bien des soupirs et versé bien des pleurs
Au stérile sillon qu'a creusé la douleur,
Par les rues éventrées et par tout ce que furent
Les défuntes cités en leurs tombes obscures.

Et dans leur noir chaos d'épouvante et de nuit
Où tout jusques au jour semble une ombre qui fuit,
À tous les horizons je n'ai trouvé personne
Sinon, pour seul écho de mes pas qui résonnent,
Chantant la mélopée lancinante du glas,
Les fantômes des morts qui ne s'en iront pas.

SCÈNE 3

Stello, Docteur Noir, le chœur des fantômes des avortés, le chœur des
fantômes des morts des guerres

Le chœur des fantômes des morts des guerres

Nous sommes les morts des cités, les spectres pâles de Naguère !
Nous sommes les morts des cités, nos corps sont tombés en poussière !
Nous avons vu tout s'effondrer autour de nous sous le grand vent ;
Nous avons vu le soir sans fin après le soleil éclatant,
Le malheur au-delà de tout, au point qu'il n'est rien qui le nomme
Et que nul ne se souvient plus qu'ici jadis furent des hommes.
Mais nous restons, derniers gardiens au seuil des anciennes cités,
Plus longtemps que nos pauvres os qui dans l'effroi s'en sont allés,
Que le béton, que le métal évaporés dans la tourmente
En ces lieux où ne restent plus que nos voix seules qui les hantent.

Stello

Et je vous pleure aussi, vous que nul ne voit plus,
Ô vous dont tant de maux défirent les corps nus
Au fond des lits glacés, vous ! les ombres qui dorment,
Dont les corps au linceul n'ont déjà plus de forme,
Dont les âmes pourtant se tordent de douleur
Comme si chaque instant leur arrachait le cœur !
Vous qu'a fauchés la Mort de sa faux sans attendre,
Jetant dans votre sang le plus terrible feu,
Flamme qui vous rongeait d'un mal mystérieux
Qui calcinait vos vies et dispersait vos cendres !

SCÈNE 4

Stello, Docteur Noir, le chœur des fantômes des avortés, le chœur des fantômes des morts des guerres, le chœur des fantômes des morts des maladies

Le chœur des fantômes des morts des maladies

Nous répondons toujours, toujours ! au son de ce sinistre appel,
Fatal écho du Grand Malheur qu'a façonné l'ordre éternel,
Flot dressant au-dessus des flots les mille éclats de son écume,
Clamant partout les souvenirs des jours mauvais que nous vécûmes !
Les maladies, pour nous briser, nous ont frappés jusqu'au berceau,
Faisant couler au fond de nous l'horreur d'un fiel toujours nouveau,
Jetant la foudre de la mort et le froid du glacial Décembre
Sur les sols dévastés et lourds du poids des corps qui se démembrent.
Mais ce n'est pas assez des maux qui percent tout de part en part,
Gravant la terre avec le sang du sceau vainqueur de leur poignard,
Ce n'est pas assez de la nuit pour attirer ceux qui succombent
Au fond de l'Empire d'en bas où sont les portes de la tombe.
Non ! car faisant plus vite encor brûler le feu des jours derniers,
Précipitant le sort fatal de ceux qu'ils auraient dû soigner,
On voit se joindre aux grands fléaux l'immense flot des faux remèdes,
Ajoutant de nouveaux malheurs aux tourbillons qui les précèdent,
Prolongeant au fil des années en un cri qui ne finit pas,
Sur le grand deuil de l'univers l'écho sonore du trépas !

Le chœur des fantômes des morts des guerres
et Le chœur des fantômes des morts des maladies, *ensemble.*

Des temps que nous avons connus rien n'est resté que la ruine,
Les gravats des murs foudroyés que toujours le soleil calcine,
Les cadavres décomposés que la poussière ensevelit,
Les cris des âmes hululant au seuil de l'éternelle nuit,
La malédiction des plaies, des virus et des noirs breuvages
Qui ne font qu'aggraver encor des malheurs que rien ne soulage :
Les malheurs de ceux qui sans fin errent dans l'ombre et dans le vent,
Abandonnés du sol maudit dont ils sont les derniers vivants !

STELLO

Mais, surmontant l'effroi d'un monde qui s'achève,
Des sables et du roc j'ai fait surgir mon rêve :
J'ai fait naître au milieu du désert un État,
Un rempart qui se dresse au-dessus du fracas,
Un phare illuminant la nuit, un point ultime,
Seul et grand, surplombant les portes de l'abîme,
D'un invincible estoc fendant tous les assauts
Comme un astre vainqueur triomphe du chaos.

Jetés par le Destin tout au fond de l'arène
Aux armes du malheur, aux armes de la peine,
Il vaudrait mieux, nous le savons, que tout soit vain,
Que nul être ne soit et qu'il n'existe rien,
Que l'on n'entende pas résonner jusqu'aux astres
Le vacarme hurlant de l'éternel Désastre.
Mais puisqu'il est encor des ombres, des errants,
Que la Terre a porté ces ténébreux enfants,
Puisque par-dessus tout de leurs pas qui persistent
Ils rythment, lancinants, l'écho des heures tristes,
J'ai voulu, surmontant les flots du Grand Malheur,
Fonder une arche à la fulgurante splendeur.

Souvenez-vous, Docteur, de ces longues cohortes
Qui jusqu'à l'horizon foulaient des terres mortes,
Fuyant éperdument loin de leur sol brûlé,
Sous le soleil fatal, sous le ciel étoilé…

DOCTEUR NOIR

Oui, dans le temps des grands fléaux, aux sombres ères,
Quand des spectres fendaient des nuées de poussière,
Quand sous les feux du ciel qui conduisaient leurs pas
Ils recherchaient à travers tout la Sonora…
Ce temps d'ailleurs n'est pas fini : loin dans les sables
Semblent sonner toujours son heure inexorable,
Siffler la faux, se dresser la Mort qui sourit,
Voyant régner sans fin les maux des jours maudits
— Ces pâles souverains des rivages funestes
Et les derniers échos d'une vie qu'ils attestent.

Car, sans jamais cesser d'entourer notre sol,
Et la guerre et la peste ont repris leur envol,
Planant, auréolées de l'ardente lumière
Jetée par la douleur immense sur la terre.
On voit tomber, frappés de fléaux inconnus,
Ceux dont les corps défaits montrent qu'ils ne sont plus,
Morts des anciens virus qui depuis tant d'années
Sont le marteau sanglant des sombres destinées,
Ou de tous les vaccins, des drogues, des poisons
Qu'une science égarée recouvre de son nom.
Et, montant à l'assaut de toutes les patries,
Les nefs et les armées des Grandes Compagnies
À des peuples perdus, ivres de leurs tourments,
Imposent un dieu fou qui brise les vivants.

SCÈNE 5

STELLO, DOCTEUR NOIR, LE CHŒUR DES FANTÔMES DES AVORTÉS, LE CHŒUR DES FANTÔMES DES MORTS DES GUERRES, LE CHŒUR DES FANTÔMES DES MORTS DES MALADIES, LE CHŒUR DES GRANDES COMPAGNIES

LE CHŒUR DES GRANDES COMPAGNIES

Nous surgissons de tous côtés dans le fracas des heures sombres,
Quand on n'entend plus que du glas et du tocsin les coups sans nombre,
Quand la peur s'élance et mugit jusqu'à hurler de mille voix,
Joignant à tous les vents maudits le paroxysme de l'effroi !
À tous les maux nous apportons le très haut, le puissant remède,
Tel qu'il n'est rien, même la mort, pour se dresser contre son aide :
C'est le Masque triomphateur qui s'élève au-dessus de tout,
Qui donne un éclat immortel aux yeux des souffrants et des fous,
Qui dans la nuit vrillée de bruits et de cris de douleur sans borne
Est le phare unique et sacré, guide des pas des ombres mornes !

STELLO

Je sais, Docteur, que le marasme est toujours là.
Cette pensée m'étreint à chacun de mes pas.
Je vois autour de moi tourner, tourner sans cesse
L'assaut désespérant du chaos qui nous presse
Et, s'ouvrant comme un songe où tout s'en vient finir,
Le gouffre inexploré de notre devenir.
Tels sont les rêves lourds, les soucis et les peines
Que couvre de ses plis la pourpre souveraine
Et, devant la cohue de nos jours incertains,
Tout le suprême éclat de ma splendeur n'est rien.

La vie, vous le savez, est une sombre épreuve,
À chaque instant marquée de quelque douleur neuve,
Un ciel où l'on ne voit que descendre le soir,
Une tombe où longtemps le malheur vient s'asseoir.
Qu'est alors le pouvoir, qui la rend plus intense,
Qui la porte au plus haut de son incandescence,
Qui fait régner sur toute chose et en tout lieu
La terrible clarté de son regard de feu ?
Le pouvoir… Je l'ai ramassé dans la poussière,
Quand nous allions parmi les décombres des ères,
Quand il n'était plus rien parmi nous que le vent
Et que le Grand Malheur qui frappe à chaque instant ;
Quand il était mortel de l'exercer, quand toute,
Au-devant de nos pas, semblait crouler la voûte.
Qu'était-ce alors que le pouvoir ? Un lourd fardeau
Dont nul ne s'embarrasse au milieu du chaos,
Une cible appelant sur l'or de la couronne
Le fer, le plomb, l'airain avec le glas qui sonne.
Quelques-uns m'ont suivi, marchant à travers tout,
Le tourbillon des morts, des mourants et des fous,
L'hydre des incendies qui régnait sans partage,
De ses langues en feu brûlant tous les rivages
— Et, lorsque tout semblait se perdre sans retour,
Nous étions le rempart qui se dressait toujours :
La Sonora ! L'État né de la mort du monde,
Du malheur, du désert et de la nuit profonde,
Quand la terre et le ciel, au temps des grands périls,
De nos jours sans pitié voulaient trancher le fil…
Mais nous avons vaincu. Des maux qui nous assiègent

Peut bien continuer le ténébreux cortège ;
La douleur et la mort peuvent bien, dans le vent,
Rôder autour de nous de leur pas lancinant :
Nous sommes toujours là. Nous régnons sur un rêve
Que n'abolit jamais le soleil qui se lève
— Mais qui pourrait demain en un souffle, un instant,
S'évaporer dans l'or d'un soir évanescent.
Ainsi, face au Destin qui dans l'ombre s'avance,
Je n'ai rien proclamé d'autre que la Régence,
Ne voulant pas risquer, d'un suprême défi,
De nous voir quelque jour moins oubliés de lui.
Ainsi, sous le marteau du sort que rien n'élude,
Sous le sceau du brouillard et de l'incertitude,
Nous demeurons, veillant, après l'heure où tout fuit
Des ultimes clartés dans l'étrangère nuit
— Et je veux, pour sonder un instant ce mystère,
L'ardente vision d'un flambeau qui m'éclaire,
Un feu ! sur le néant éternel et glacé,
Sur l'abîme du temps et son immensité !

Toi, d'un peuple ancien solitaire vigie
Qui scrutes l'horizon des rives infinies,
Toi qui fus foudroyée par un destin trop lourd,
Comme Tirésias brûlée d'un sombre jour,
Au seuil de l'inconnu qui partout t'environne,
Moi, Régent de la Sonora, je te questionne !
Messagère des Cieux qui parlent par ta voix
Et qui peut-être as vu le Styx autant que moi,
Apparais !

SCÈNE 6

STELLO, DOCTEUR NOIR, L'ORACLE, LE CHŒUR DES FANTÔMES DES AVORTÉS, LE CHŒUR DES FANTÔMES DES MORTS DES GUERRES, LE CHŒUR DES FANTÔMES DES MORTS DES MALADIES, LE CHŒUR DES GRANDES COMPAGNIES

L'oracle s'avance lentement, les mains devant elle pour la guider au lieu de ses yeux morts.

L'ORACLE

Il n'est rien que je ne puisse entendre,
Que je ne puisse voir avec mes yeux de cendre,
Que ne puisse, étranger qui deux fois as vécu,
Dans un éclat pareil au soleil invaincu,
Illuminer toute la force de mon âme
Ivre de la splendeur du jour qui le proclame !
Par l'esprit seul, au-delà des lieux et des temps,
Je puis voir tout au fond de l'ombre qui s'étend :
Brouillard, brouillard, brouillard de la mort souveraine
— Et je vois du malheur et je vois de la peine.
Je vois à l'horizon, apportant le chaos,
Le nouveau tourbillon de l'effroi sur les flots,
Des spectres dévorant tout ce qui fut la vie
Pour n'en plus rien laisser qu'une fièvre infinie,
Le vent à travers tout soufflant jusqu'au lointain
Mille imprécations de ses longs cris sans fin,
Le sol environné de nuées de poussière
Courant d'un grand galop qui fait trembler la terre !

LES QUATRE CHŒURS, *ensemble.*

Le vent se lève. On n'en distingue rien encor
Qu'un murmure incertain dans le soir qui s'endort,
Moins que le souvenir d'une heure qui s'achève,
Que le rêve d'une ombre ou que l'ombre d'un rêve.
Il va monter. Il va s'élancer dans les cieux,
Vibrant toujours plus fort d'un souffle audacieux
Gonflant éperdument et que plus rien n'arrête.
Il y aura du feu, du bruit, de la tempête.

Gaston de Raousset-Boulbon (1817-1854), premier Chef de l'État de la Sonora.

ACTE II

Ἐπάμεροι· τί δέ τις;
τί δ' οὔ τις; σκιᾶς ὄναρ
ἄνθρωπος. Ἀλλ' ὅταν αἴ-
γλα διόσδοτος ἔλθῃ,
λαμπρὸν φέγγος ἔπεστιν ἀν-
δρῶν καὶ μείλιχος αἰών.

*Êtres éphémères ! Qu'est chacun de nous, que n'est-il pas ?
L'homme est le rêve d'une ombre. Mais quand les dieux dirigent
sur lui un rayon, un éclat brillant l'environne, et son existence
est douce.*

Pindare (*Pythiques, VIII*[2])

*— Je ne sais d'assurés, dans le chaos du sort,
Que deux points seulement, LA SOUFFRANCE ET LA MORT.
Tous les hommes y vont avec toutes les villes.
Mais les cendres, je crois, ne sont jamais stériles.*

Alfred de Vigny (*Paris*)

SCÈNE PREMIÈRE

Stello, Docteur Noir

*Dans le bureau monumental de Stello.
À un mur sont accrochés le portrait du comte Gaston
de Raousset-Boulbon, premier Chef de l'État de la Sonora, et une
carte du Mexique.
Un ordinateur se trouve sur un guéridon.*

---

2   Traduction d'Aimé Puech et Alfred Croiset.

DOCTEUR NOIR

… Et, plus lourd et plus noir qu'il n'a jamais été
Depuis qu'il s'abattit sur nos fières cités,
Plus implacablement dévastateur encore
Que l'aigle des nuées pour l'ombre qu'il dévore,
Le fléau, revenu des brumes de l'oubli,
A restauré sur nous le Règne de la nuit :
Peste, lèpre ou virus, c'est ici *(il montre le sol)* qu'il emporte
Le soleil qui défaille avec les âmes mortes ;
Il erre à travers tout, couvre de son linceul
Les champs, les bois et les cités qu'il parcourt seul,
N'ayant pour horizon qu'une mer de cadavres
Auxquels la froide mort offre son dernier havre,
Martelant de ses pas sans fin le sol maudit.

STELLO

On les prend. On les jette au cœur du feu qui luit,
Le dévorant brasier de bruit et de lumière
Qui semble s'allumer pour engloutir la terre,
Premier reflet du gouffre immense qui s'étend
Sous les pas douloureux des hordes de Satan.
Et les derniers vivants songent à leur fenêtre,
En voyant les bûchers longuement se repaître
Des corps éparpillés et des corps pantelants
Qui semblent tressaillir entre les flots brûlants,
En voyant défiler les chairs et les squelettes,
Les montagnes de troncs, de membres et de têtes,
Les cendres, la fumée, le chant morne du glas
— Puis une ombre, un soupir et tout ce qui s'en va.
Et d'eux il n'est plus rien que la danse qui reste
En le crépitement de ces flammes funestes,
Un spectre qui tournoie dans son ultime essor
Avant de s'effacer sur le seuil de la mort.

J'ai parfois l'impression d'avoir rêvé ; qu'un monde,
Après un long sommeil est émergé de l'onde,
Que de mes premiers jours à ceux de notre temps
Des siècles ont passé comme un souffle de vent ;

Qu'un tout autre soleil avec une autre aurore
S'est levé sur ma vie que rien n'a voulu clore,
Faisant régner sur tout depuis l'ombre du ciel
De son deuil éclatant le sceau perpétuel.

Et je revois les jours où j'ai cru vivre un rêve,
Craignant l'heure à jamais où ce soleil se lève
Pour emporter, livide, au gouffre du néant,
Tout ce qui me fut cher l'espace d'un instant.

Où êtes-vous, cités, sous le ciel immobile,
Vous qui par-dessus tout fûtes les Grandes Villes ?

Villes Grises du Nord dont les mille clochers
Et les mille canaux semblent toujours chercher,
Tels les oiseaux sans fin criant à perdre haleine,
L'horizon qui s'en va tout au bout de la plaine…
Bruges, Bruges-la-Morte ! À l'unique saison,
Un automne éternel sur toutes ses maisons,
Au sommet de ses tours dont chaque heure s'inspire
Du deuil des vieux remparts dont les flots se retirent.

Rome, l'explosion sans fin de la Beauté,
Splendeur dont nul mortel n'aurait jamais rêvé !
Illumination de l'azur que proclament
Au soleil invaincu ses fières oriflammes !
Statues partout dressées qui par-delà les temps
Sont la suprême loi des premiers des vivants,
Régnant sur eux à travers tout d'âges en âges
Par-dessus le chaos des jours et des rivages.

Ce fut Vienne… la reine immense des regrets,
Ses grands palais de pierre et de marbre où paraît
Le fantôme ancien parfois d'ombres de gloire,
Brouillards évanescents qu'exalte la mémoire…
Et la danse ! envolée en mille tourbillons,
Comme échappée du ciel la neige à l'horizon,
Nuées tournant, virevoltant, flot d'arabesques
En l'éblouissement des flambeaux et des fresques,
En la chère clarté des jours carnavalesques !

Ce fut Paris… Ce fut le miracle d'un temps
Où jamais ne semblaient finir nos jeunes ans ;
Les nuits étaient la fête immense de la terre
Qui ne s'éteignait plus qu'au seuil de l'aube fière…
Et nous voyions pourtant régner l'ombre du soir
Qui demeurait sur nous, toujours vêtus de noir,
Comme un ultime écho du deuil et de la peine
Allongeant sa clameur étrange et souveraine.

Cracovie ! La cité du vainqueur du dragon,
Qui dressa ses remparts à l'ombre de son nom,
Où du haut de la tour aux quatre vents appelle
La trompe qui résonne à chaque heure éternelle,
Et que n'interrompit la flèche du trépas
Que pour qu'un jour nouveau triomphe de son glas…
Et par-dessus l'écho des ombres lui répondent
Les tours de la Wawel et le chakra du monde !

Athènes ! La lumière et le sol glorieux
Dont le temple suprême est la porte des Cieux !
La colline sacrée couronnée de statues
Qui déjà semble s'être envolée par les nues !
Les foules que l'on croit, errant dans le soir d'or,
Autour du Grand Cortège apercevoir encor…
Éleusis ! Quand s'unit au rythme des cymbales
La Terre avec le Ciel en noces triomphales !

DOCTEUR NOIR

Vous n'avez pas aimé la vie, Stello.

STELLO

Je n'ai que trop connu le moindre de ses maux.
J'ai trop vu la fumée, que le vent seul emporte,
Monter du noir brasier des espérances mortes
Pour se dissoudre au loin dans un soir sans clarté.
Je n'ai jamais aimé qu'un souffle, une étincelle,
Non la vie, mais le rêve épars qui est en elle
Et qui, hors de l'ivresse et de l'éternité,

Semble n'avoir pas même un seul jour existé.
Car seul cet acte pur qui le métamorphose
Exalte le réel jusqu'à l'ultime Cause ;
Tout le reste n'est rien peut-être qu'un écho,
Un mirage épandu sur le sable ou les flots
Qu'avec lenteur les mains aux quatre vents dispersent,
Au son des mélopées languides qui nous bercent.
La vie, de ses premiers à ses derniers instants,
Dans le chaos des lieux, des êtres et des temps,
N'est pour nos regards vains qu'un grand théâtre d'ombres
Que l'ennui, le trépas et la douleur encombrent.
Mais je crois que nos pas conduisent quelque part,
Que le Destin, plus fort que l'aveugle hasard,
Tout en dressant sur nous une mer de mirages,
Nous laisse entrevoir quelquefois d'autres images ;
Qu'il dispose et, qui sait ? nous montre quel chemin
Appelle jusqu'à lui notre être souverain.
Peut-être une autre vie… Peut-être une autre encore,
Nées de nos actions comme un écho sonore
Gravant un nouveau cercle au cœur de l'Univers,
Porte ultime du seuil sur le Ciel entrouvert.
Et si la vie n'est rien sinon l'ombre d'un rêve,
Le Grand Malheur frappant chaque heure de son glaive,
Si la très haute loi qui pèse sur nos fronts
Est le signe fatal des malédictions,
Nous n'en sommes pas moins, dans le vent du Désastre,
Guidés par la lumière éternelle des astres
Qui règnent, par-delà le Règne de la nuit,
Et son pâle horizon de douleur et d'ennui.
Si j'en oublie l'horreur lorsque la mort m'enlace,
Ne croyez pas pourtant que je m'en satisfasse
— Et seul peut en ôter de mes rêves l'effroi
Le suprême fardeau qui repose sur moi.

Il est temps désormais de veiller sur le monde,
D'observer le Malheur en sa terrible ronde,
D'y trouver s'il se peut quel feu, quel tourbillon,
Quel déluge infernal ou quel fléau sans nom
Se déverse, arraché du fond de ses entrailles,
Pour affronter encor en de sombres batailles
Où brille à travers tout le glaive du Destin,
La Sonora, qui veille au-devant du lointain.

SCÈNE 2

Stello, Docteur Noir, le chœur des internautes

Stello s'assoit devant l'ordinateur et surfe sur Internet.

Il me semble parfois que jusqu'à moi des ondes
Traversent les éthers parmi la nuit profonde,
Mêlant à la cohue des étrangères voix
Des signes incertains qui ne sont que pour moi,
Échos diffus voguant d'une âme vers une âme…
Mais voici le tumulte et la foule qui clame,
Jetant sur les réseaux ses trompes et ses cors
À tous les horizons à l'assaut du dehors !

Le chœur des internautes

Et c'est la ronde du Malheur qui danse et danse à perdre haleine,
Piétinant avec le Chaos les décombres des jours derniers,
Cavalcadant avec la Mort quand sa faux taille des charniers,
Déversant au-dessus de tout le sang des urnes toujours pleines !

Premier groupe

La Confédération du Middle-West monte à l'assaut.
Ses bombardiers et ses canons ont dévasté tout l'Ohio ;
Ses chars, ses chevaux sont lancés dans une charge fantastique
À l'orient, toujours plus loin à l'orient, vers l'Atlantique !

Second groupe

Mais les armées de l'Est, brisant ce glaive pointé sur leur cœur,
Ont de nouveau fait retentir le lourd marteau de la fureur
Qui partout, recouvrant au ciel les rayons du soleil suprême,
Ne laisse plus régner que cendre et que brouillard, et la nuit blême.

PREMIER GROUPE

La moitié des terres d'Europe a basculé dans le chaos ;
On les a vues se consumer des feux de millions de flambeaux,
De l'orient et du midi montés avec les sombres hordes
Dont jusqu'au milieu des tourments le vaste flot toujours déborde.

SECOND GROUPE

Et c'est l'Empire des Trois Mers qui les combat sur tous les fronts,
Brisant fracas après fracas du roc vainqueur de ses bastions,
Dernier fanal illuminant par-dessus tout la nuit complète,
Les tourbillons et les clameurs et le reflux de la tempête.

PREMIER GROUPE

Sur les plus hauts plateaux du monde où la vie s'étiole dans l'air
Que l'azur d'un souffle sacré semble effleurer avec l'éther,
Au loin vrombissent les moteurs, au loin les ombres se dessinent
Des bombardiers et des chasseurs venus de l'Inde ou de la Chine,
Se rencontrant, s'entretuant et puis s'effondrant sur le sol
Sous le bras de la Mort qui fauche et qui foudroie jusqu'en plein vol.

SECOND GROUPE

Les Yakoutes et les Mongols ravagent le pays des glaces,
Car il n'est plus rien ici-bas qui n'agonise et ne trépasse.
Ils galopent sur leurs chevaux à la poursuite du soleil ;
Apparaissant à l'horizon ils pillent tout sur leur passage,
Ivres de dévastation poursuivant leur course sauvage
— Et plus rien quand ils sont passés ne connaît plus d'autre réveil.

PREMIER GROUPE

Partout les Grandes Compagnies, surgissant du voile des brumes,
Déploient leurs flottes au lointain dans les feux du jour qui s'allume.
Souvent, depuis le sol brûlé des pays où règne la Mort,
À l'appel d'un peuple éperdu sous la Grande Ombre qui le mord,
On voit leurs pâles étendards, on voit leurs chevaux et leurs casques
Dans les villes hallucinées, portant haut le culte du Masque.

Stello

Et c'est ainsi que règne immense aux quatre coins de l'horizon,
Avec la marche des armées, le chaos qui n'a plus de nom,
Avec le sang et la tourmente et le retour des grands carnages,
Avec les Grandes Compagnies investissant tous les rivages,
          Le Malheur ! Le Malheur ! Le Malheur ! Le Malheur !

Le chœur des internautes

Premier groupe

Le Malheur ! Le Malheur ! Le Malheur ! Le Malheur !

Second groupe

Le Malheur ! Le Malheur ! Le Malheur ! Le Malheur !

Ensemble

Le Malheur ! Le Malheur ! Le Malheur ! Le Malheur !

Le chœur des internautes sort.

SCÈNE 3

Stello, Docteur Noir

Stello

Oui, Docteur Noir, nous avons vu sombrer le monde ;
Tout s'en est effondré parmi la nuit profonde,
Et de ce qui fut nôtre un jour, au ciel lointain,
De tout ce qui fut nôtre il ne reste plus rien.

SCÈNE 4

Stello, Docteur Noir, le messager

Le messager

Comme la foudre éclate au milieu du tonnerre,
Déchire le ciel noir et brise un sol de pierre,
Fait brûler toute chose au milieu du chaos
Né du malheur sans fin d'un soir toujours nouveau,
C'est sur la Sonora, vierge encor de leurs traces,
Qu'ivres de dévorer toujours d'autres espaces,
Accourant de la nuit gigantesque des flots,
Les Grandes Compagnies ont jeté leurs vaisseaux.
Et devant leurs armées débarquées sur nos rives,
Leurs cortèges vainqueurs, les ombres qui les suivent,
Devant le grand défi lancé face au trépas
Par le culte du Masque Pâle à chaque pas,
Devant la vie qui pour toujours lui est promise,
Vague et désemparé, le peuple se divise :
Autour du Masque et de son héraut, le Grand Roi,
Ce sont dès à présent tant d'hommes que l'on voit,
Dont maints ne rêvent plus que d'embrasser le culte
S'exhalant des pouvoirs de ce seigneur occulte !
Déjà, des précurseurs hurlent à tous les vents
Quand, touchés par le sceau des éternels vivants,
S'imprime sur leur front que la fièvre ravage,
Avec un nouveau jour, quelque nouveau visage.
Et, s'élevant de toutes parts dans le lointain,
Ombres épouvantées sous un soir incertain,
Fuyant la maladie dont l'horreur vient les mordre,
Des foules par nuées les suivent en désordre…
Voici le peuple : il a tant rêvé de vous voir
Pour vous entretenir de son dernier espoir.

*Sur un signe du messager, le premier chœur du peuple
entre en scène.*

SCÈNE 5

STELLO, DOCTEUR NOIR, LE MESSAGER, LE PREMIER CHŒUR DU PEUPLE

LE PREMIER CHŒUR DU PEUPLE

Nous, les fils de la mort et des malheurs sans nombre
Qui frappent sans repos dans les villages sombres,
Abandonnés du jour et du regard de Dieu,
Ce n'est plus que vers vous que se tournent nos yeux !
Par-dessus les combats ce fléau sur la terre
A jeté s'il se peut un comble de misère,
Car sous l'épidémie le pays tout entier,
Lançant des chants de deuil vers le ciel par milliers,
Répand plus de linceuls, de tombeaux et de larmes
Que nul n'en vit jamais dans le fracas des armes ;
Il n'est plus rien, plus rien pour nous en préserver,
Tant chaque heure en sonnant vient la parachever,
Tant noir est notre deuil, tant la détresse est grande :
Il faut que le Régent aujourd'hui nous entende !

Le Roi en Jaune est parmi nous : ce puissant roi
Fait resplendir partout l'étendard de sa foi ;
Il rend la vie au flot sans fin des âmes mortes
Dont marchent au trépas les glaciales cohortes.
Plus d'une, ayant choisi le haut culte divin,
Sur son visage abandonné par le Destin
A vu monter, très solennel, le Masque Pâle,
Et demeurer toujours son ombre triomphale.
C'est ainsi que la vie vient remplacer la mort,
Que le corps d'un défunt lui donne un autre corps,
Qu'un visage remplace un ancien visage
Conduit par le Destin au terme de son âge
— Et le Roi vers le Ciel, reflet de sa splendeur,
Lève le Signe Jaune en un geste vainqueur.
Nous voulons en tous lieux voir cet auguste geste
Par lequel tout s'éteint du mal qui nous infeste,
Voir sur la Sonora s'étendre et s'exalter
Avec le Masque Pâle un âge de clarté,
Voir surgir, au-devant des Grandes Compagnies,
Le suprême héraut de la suprême vie !

Venus auprès de vous pour hâter le flambeau
Qui doit paraître au seuil de ce jour le plus beau,
Vous ayant convié pour la céleste fête,
Nous portons à vos yeux notre juste requête
De les laisser partout mener le grand combat
En laissant nos cités s'ouvrir devant leurs pas !

Le second chœur du peuple intervient.

SCÈNE 6

Stello, Docteur Noir, le messager, le premier chœur du peuple, le second chœur du peuple

Le second chœur du peuple

Que nul de nos chemins, que nulle de nos portes
Ne s'ouvrent sur les pas de leurs noires cohortes !
Les Grandes Compagnies sont le fléau du sort,
Ne déversant partout que malheur et que mort.
Le Roi ne sauve rien que des ombres funestes
Traînant des miasmes lourds de charogne et de peste.
Par le pouvoir du Masque, il ne conserve rien
Qu'une vie arrachée dont le souffle s'éteint,
Pantelante, jetée dans le sein d'un cadavre
Extirpé du caveau qui fut son dernier havre.
Savez-vous, malheureux, le mal qui vous attend ?
Une éternelle vie de cadavres errants,
Mourant à chaque instant d'un corps qui se décombre
Et bannis à jamais du Royaume des Ombres !
Ces visages, ces corps, le Roi va les chercher
Aux portes de la nuit tout au fond des charniers
— Et vous vous confondrez avec l'horrible foule
Des spectres, des zombies, des vampires, des goules,
Et vous partagerez leurs proies dans le jour noir,
Et vous hululerez avec eux dans le soir !

Stello

Oui, je sais tout cela. Je connais la tristesse
Qui berce vos esprits de ses sombres caresses ;
Je connais la terreur, les maux qui sont sur vous,
Dont les cruels brasiers resplendissent partout.
Rien cependant n'est plus cruel que les aumônes
Qu'à chacun de ses pas octroie le Roi en Jaune :
Est maudit le remède imposé par ses mains,
Visant à subvertir la marche du Destin ;
Est maudite la terre où le fatal Monarque
Avec le Masque Pâle et le Signe débarque ;
Est maudite la vie qu'il préserve du sort
Pour n'en plus rien laisser que l'ombre de la mort !

Le premier chœur du peuple

Craignez, Régent, craignez qu'un tel flot de paroles
Soit le premier héraut d'un jour qui vous désole,
Où tout proclamera la victoire et la foi
Qu'autour de lui partout propage le Grand Roi !

Le premier chœur sort à l'exception de l'un de ses membres,
l'assassin, qui se cache derrière une colonne.

SCÈNE 7

Stello, Docteur Noir, le messager, le second chœur du peuple, l'assassin

Le second chœur du peuple

Face au nouveau malheur dont le flot nous assaille,
Nous partons nous ranger en ordre de bataille,
Scruter le jour mauvais qui monte à l'horizon
Et briser, s'il se peut, sa malédiction !

Le second chœur sort. Le messager lui emboîte le pas.

SCÈNE 8

Stello, Docteur Noir, le vent du désert, l'assassin

Le vent du désert

Moi, le vent du désert, j'approche avec la mort qui tourbillonne ;
Je suis l'écho du noir chaos de Pluton et de Perséphone.
Pareil au Destin, j'apparais hors du froid néant de l'oubli,
Faisant entendre ma clameur où j'ai longtemps erré sans bruit.
Je m'avance insensiblement, le long de mon chemin sinistre,
Annonçant l'orage lointain qui déjà naît dans le ciel bistre.
Déjà s'allument des lueurs, résonnent les premiers échos,
Déjà des parchemins maudits se descellent les premiers sceaux,
Déjà l'éclat pourpre des cieux trouble de sang les eaux qu'ils teignent
— Et l'on voit, surgissant de l'ombre et de l'infini de son règne,
Tel ceux qui jamais ne sont nés, devant lesquels le jour s'enfuit,
Un vivant ou un mort-vivant, de ceux qui marchent dans la nuit.

L'assassin surgit, un revolver à la main, et fait feu à plusieurs
reprises sur Stello, qui demeure invincible.
Le Docteur Noir sort son revolver et tue l'assassin.

SCÈNE 9

Le Roi en Jaune, Stello, Docteur Noir, le vent du désert, le cadavre de l'assassin

Le Roi en Jaune, ou sa simple image, apparaît dans un nuage de fumée, avec son manteau jaune en haillons et son crâne en cours de putréfaction.

Le Roi en Jaune

J'apparais ! Je suis loin encor. Je viens d'entrer dans ton empire,
Avec partout à mes côtés la grande force qui m'inspire
Et fait sur l'Univers entier dans un élan toujours nouveau
Monter le Roi, le Masque Pâle et le Signe Jaune à l'assaut !

Il brandit un grand pendentif suspendu à son cou, sous ses haillons, sur lequel le Signe Jaune est gravé.

Tu vois venir vers toi déjà mon avant-garde,
Au cœur de ton palais sonnant déjà le glas :
Connais, Stello, connais en ces coups qui te dardent
Les tout premiers échos très lointains de mes pas !
Car au-devant de toi déjà mon règne arrive,
Parti des bords de l'onde à rebours du soleil ;
Il n'est pas de fléau déchaîné qui ne suive
La voie que j'ai tracée dès son premier réveil.
Irrésistiblement montent les sombres hordes
Suivies des hauts bienfaits que ma splendeur accorde :
On verra le désert se couvrir de leurs flots
Qu'unit autour de lui le terrible drapeau ;
Déjà de toutes parts contre ton règne adverse
S'élance le torrent vainqueur qui le renverse,
Immense nuit ! dressée contre un ciel incertain
Dont il serait trop fou, dont il serait trop vain
D'attendre mieux qu'un jour étrange qui repose
Une dernière fois sur les ombres des choses.

Rejoins le culte ! Oublie, sous le Masque vainqueur,
Le grand cycle éternel des tourments et des peurs !
Sois parmi nous, fils de l'éblouissante face,

D'un astre ténébreux que la lumière enlace,
Un adepte nouveau faisant sur tout l'État
Rayonner la splendeur de l'immortel éclat
Du Masque Pâle, et la splendeur du Signe Jaune,
Comme un soleil suprême installé sur le trône.
Tu sais quel geste faire et quel être invoquer,
Et de quel sceau brûlant ton front doit se marquer.

Stello reste silencieux.

Tu peux ne pas m'entendre et rester sans réponse :
C'est ainsi qu'adviendra ta perte que j'annonce.

Ainsi qu'il était apparu, le Roi en Jaune disparaît dans un nuage de fumée.

SCÈNE 10

STELLO, DOCTEUR NOIR, LE VENT DU DÉSERT, LE CADAVRE DE L'ASSASSIN

LE VENT DU DÉSERT

Prends garde à toi quand vient l'horreur, Stello, de ce jour qui t'attend,
Quand sur l'horizon tu verras monter d'un être terrifiant
Le manteau sacré en haillons qui défie le gouffre des siècles
Et le crâne putréfié, fruit du trépas qui nous encercle !

ACTE III

"Shadow," said he,
"Where can it be–
This land of Eldorado?"

"Over the Mountains
Of the Moon,
Down the Valley of the Shadow,
Ride, boldly ride,"
The shade replied,–
"If you seek for Eldorado!"

« Ombre », dit-il,
« Où donc est-il —
Ce pays de l'Eldorado ? »

« Par-delà les monts
De la Lune,
Au fond de la vallée de l'Ombre,
Chevauche avec audace, »
Lui dit l'ombre sans face, —
« Si tu cherches l'Eldorado ! »
Edgar Allan Poe
(*Eldorado*[3])

SCÈNE PREMIÈRE

LE ROI EN JAUNE, MÉLAAINOS, *tous deux à cheval*, LE VENT DU DÉSERT

Dans le désert de la Sonora, au-dessus de Guaymas.

MÉLAAINOS

Ainsi, tombé du ciel à travers les hasards
Des astres en fusion et des gouffres épars,

---

3   Traduction de Jean Hautepierre.

De l'espace et du temps déchirant le grand voile
Après avoir passé la porte des étoiles,
Vous voici, tel un aigle ayant pris son essor,
Et roi déjà vainqueur, et roi toujours plus fort,
Conquérant sous vos pas brûlants terre après terre,
Guidé par les grands vents sur les vagues amères.
Voyez-vous s'annoncer déjà ce jour très haut
Où les êtres d'en bas surgiront du chaos,
Où l'exil, qui depuis tant de siècles leur pèse
De son fardeau de roc, de glace et de fournaise,
S'abolira ?

LE ROI EN JAUNE

Le jour des êtres de Cthulhu,
Des goules, des zombies, de Ceux que nul n'a vus,
Des entités grouillant dans le sein des ténèbres
Ou dormant sans mourir d'un long sommeil funèbre,
Viendra. Des morts-vivants, sous le sol du désert,
Attendent par millions de le voir entrouvert.
Nous approchons. Bientôt, montant du règne sombre,
Nous entendrons l'écho de leurs clameurs sans nombre.
La porte de la terre est à la Sonora ;
Nous la verrons grandir au-devant de nos pas ;
Nous l'ouvrirons aux flots des terres inférieures
Brûlant de s'échapper de leur triste demeure.
Alors viendra le choc, le grand assaut final
Mené contre le jour par le monde infernal,
Et Ceux des profondeurs en leur apothéose
Verront briller sur eux le soleil grandiose !
Nous n'aurons plus alors qu'à proclamer partout,
Mage Mélaainos, le temps fixé pour nous
— Et c'est un monde encor qui par-delà ses rêves
Atteindra la splendeur de la mort qui s'achève,
Un monde encore, offert à ce culte très haut
Dévorant l'Univers d'un feu toujours nouveau.

Mais il faudra d'abord triompher de Stello,
Anéantir la moindre image de son règne
— Et qu'avec lui la vie des vrais vivants s'éteigne.

Mélaainos

Avant de l'affronter, mieux vaut laisser le temps
Jeter autour de lui sa masse de tourments.
J'accorde peu de jours à ce règne qui semble
Un palais sur le sable ou sur le sol qui tremble :
On voit déjà partout, au son de votre voix,
La Sonora frémir et douter de sa loi ;
Déjà, mainte cité que la fièvre survolte
Gronde, s'émeut parfois jusques à la révolte.
Ce monde aspire à nous, ce monde aspire au bien
Que seul peut dispenser le culte souverain,
À la lumière, immense victoire qui brille,
Reine par tous les cieux des astres qui scintillent,
À la vie par-delà la vie ! mais ici-bas,
Pour qu'ici même enfin trépasse le trépas !

Oui, déjà l'incendie de sa fièvre l'embrase,
Le moindre de ses murs vacille sur ses bases,
Et sous un ciel trop lourd que l'ombre vient plomber,
Tout l'État confondu semble vouloir tomber.
D'ici, laissons-le donc s'écrouler sur lui-même,
Rongé par vos discours et le trouble qu'ils sèment :
Continuons d'attendre au seuil de l'horizon
Que le jour l'engloutisse en un gouffre sans fond.

Le vent du désert

Et je souffle par-dessus tout, plus fort que le bruit du tonnerre,
Et mieux que lui j'emporte tout, j'emporte et je détruis la terre !
Et je souffle, toujours vainqueur, jetant mon éternel fracas
Sur un monde qui va paraître et sur un monde qui s'en va.
Mon règne est le premier de tous et celui qui tous les balaye,
Le seul à tous les horizons que rien ne brise et rien n'effraye.
Toutes les civilisations se sont effondrées sous ma voix ;
Je les ai vues s'évaporer pour ne plus rien laisser que moi :
Des rocs, des peuples, des cités, nuées dans un brouillard de sable,
Brumes, brumes dans le lointain — et seul je demeure immuable.

SCÈNE 2

STELLO, DOCTEUR NOIR, *tous deux à cheval*, LE VENT DU DÉSERT

STELLO

Depuis que nous avons quitté Hermosillo,
Qu'au-devant du soleil s'élancent nos chevaux,
Nous avons traversé la gigantesque plaine
Brûlée des mille feux de ce ciel de géhenne,
Parcouru sans combat la moitié du pays,
Cavalcadant toujours plus loin vers le midi,
Vers l'Océan ! Où tout de notre destinée
Nous appelle au combat qui fixera le sort,
Avec les douze coups de la sombre journée
Qui verra la victoire ou le seuil de la mort.

DOCTEUR NOIR

Il n'est rien face à nous que le vent qui s'efface,
Passe et fuit, se reforme et souffle sur nos traces ;
Il n'est rien que le vide immense où tout s'en va,
Les mirages, le sable en nuées, les jours las
— Et ce calme éternel devant nous se prolonge
Comme éternellement les images d'un songe.
Mais tout autour de nous des gouffres en fureur,
Tourbillons menaçants d'une invisible horreur,
S'ouvrent en emportant jusqu'au sol qui s'effondre
— Et jusqu'au Grand Malheur semble vouloir s'y fondre.

Voici venir, béant, l'abîme du chaos
Dont n'arrivent ici pas même les échos
— Et peut-être aujourd'hui, demain, l'instant suprême
Où ne restera plus rien d'autre que nous-mêmes.
Dans un élan de mort se déchire et s'étreint
Toute la Sonora semblant près de sa fin.
Il n'est pas un seul soir où tombe le grand astre
Sans que soit annoncé quelque nouveau désastre.
L'orient du pays n'est plus qu'un champ d'effroi
Où des cris des assauts montent les seules voix,

Les rues abandonnées se peuplent d'un flot d'ombres,
Les adeptes du Masque errent dans les décombres,
Affrontant sans répit ceux des autres errants
Qui n'ont pas accepté la vie des morts-vivants.
Et sous le Signe Jaune et ses tristes oracles
On croit revoir les temps de la Grande Débâcle,
Quand la vie, s'effondrant sous le covid vingt-neuf,
Ne laissait plus au ciel qu'un jour devenu veuf.
Comme alors, il n'est plus que le deuil dans les âmes,
Le flot du sang des morts baignant Navojoa,
          Ciudad Obregon, livrée aux flammes
Après Nacozari, Cumpas, Moctezuma…

Stello

Et droit, droit devant nous, l'ennemi qui demeure
Muré dans son attente et le calme des heures,
Rêve de voir tomber bientôt et d'un seul coup
Un État ravagé par son propre courroux
— Sans quitter Guaymas, qui lui sert de murailles,
Pour chercher au lointain les hasards des batailles,
Sans devoir contre nous risquer même un assaut
Sinon celui, vainqueur, du venin de ses mots.
Le port de Guaymas est son plus sûr asile :
Sa flotte et son armée s'enferment dans la ville ;
Il ne craint rien de nous qu'il voit déjà vaincus,
Déjà presque allongés mourants sur le sol nu,
Attendant de l'aurore au crépuscule blêmes
Que nous nous écroulions comme un flot sur nous-mêmes.

Ce jour, où contre nous tout semble s'exalter,
Est de ces jours maudits où l'on doit tout tenter
Et, surgissant des bords où monte la mer morne,
Jeter sur le péril sans visage et sans borne,
À l'heure du Destin dans un dernier élan
Nos forces arrachées au gouffre du néant.

LE VENT DU DÉSERT

Et l'armée de la Sonora traversa la déserte plaine,
Se confondant, mystérieuse, avec les formes incertaines
Qui hantent inlassablement de lacs, de palmes et de tours,
Brumes au seuil de l'horizon, la mortelle splendeur des jours.
Elle a marché jusqu'au rivage où l'univers semble descendre
Avec le soleil qui s'en va, les nuées de pourpre et de cendre,
De tous les êtres ignorée comme les spectres de la nuit,
Vains souvenirs de ce qui fut, et leur image qui s'enfuit.
Seuls quelques fous les ont fixés du fond de leur terrible empire
— Et nul n'a su et nul n'a cru rien de ce qu'ils en ont pu dire.

DOCTEUR NOIR

Auprès de l'Océan notre marche a pris fin.
Notre armée au-dessus de Guaymas se tient.
Devant nous désormais il n'est plus, solitaire,
Que la cité navale aux marches de la terre
Où seul, le Roi en Jaune avec les morts-vivants,
Contemplant la mer et les cieux, rêve et attend.
Mais il ignore en nous le péril qui l'assaille…
Je vais dès à présent, au seuil de la bataille,
Me joindre à nos armées qui n'attendent plus rien
Qu'un mot pour s'élancer à l'appel du Destin.

STELLO

Allez vers lui, Docteur, et qu'avec la victoire
Vos yeux toujours vivants voient briller l'aube noire !

DOCTEUR NOIR

Arrachez-lui, Stello, cette victoire encor
Sur une adversité plus sombre que la mort !

SCÈNE 3

Stello, le vent du désert

Stello

Et sans fin, sous le vent du désert, les nuages
Du devenir s'en vont et baignent les rivages
De l'être, environné d'une mer de mirages...
Tels sont les souvenirs, lueurs de ce qui fut,
Qui demeurent encor lorsque le jour s'est tu,
Faisant par-dessus tout monter un flot de songes
Sur un être hanté qu'il exalte ou qu'il ronge...
Telles qu'auprès de moi sur les bords du Léthé
Les ombres des Furies qui ne m'ont pas quitté,
Et dont j'ai vu longtemps les meutes infernales
Ponctuer tous mes pas de leurs clameurs fatales...
Telles que les splendeurs des instants glorieux
Dont les reflets encor émerveillent mes yeux,
Emportant tout du deuil immense qui se lève,
Avec le Grand Malheur, en leurs flammes trop brèves.
Placé par le Destin au sommet de l'État,
Ce rêve d'un désert éclos dans le soir las,
Dont tous les horizons sont hantés par le spectre
D'un brumeux souverain sans couronne et sans sceptre,
Par-dessus tous les temps et les lieux, j'ai voulu
Y créer un reflet des jours que j'ai vécus.
J'ai voulu que la Sonora soit plus royale
Que l'éternel écho des heures triomphales,
Que par elle peut-être en un dernier adieu
S'illumine le monde étonné de ses feux ;
Que tout ce qui l'entoure en sa suprême fête
Un temps soit arraché hors de la nuit complète,
Et qu'il ne soit plus rien que sa chère clarté
Pour un an, pour un siècle et pour l'éternité !

Mais mon temps est passé. Mais ce rêve immuable
S'effondre et se dissout dans un brouillard de sable
— Et peut-être de nous déjà ne reste plus
Que cette armée lancée vers un sort inconnu,
Et sur nos pas, gouffre d'une ombre qui s'allonge,

Le mal intérieur et fatal qui nous ronge,
Plus redoutable encor que le flot ténébreux
Des hordes que le Roi en Jaune sous les cieux
Arrache des tombeaux, morts à la Mort qu'il nie,
Et toutes les armées des Grandes Compagnies !

LE VENT DU DÉSERT

Voici que devant toi, Stello, se tient un être terrifiant,
Masquant de son manteau sacré les feux du soleil rougeoyant,
Du flot jaune de ses haillons dressant la sinistre bannière
Où se noie tout ce qui n'est pas l'or de sa terrible lumière.
Ne va pas jusqu'à lui ! Demeure au seuil du lourd fracas des flots,
Loin du Grand Souverain de l'ombre et de son règne de chaos !
Ne fais plus un seul geste ; attends ; à l'horizon montent les brumes,
Et nul bientôt ne verra plus que les feux du soir qui s'allument.
Alors va-t'en, ne reviens plus ! Il n'est ici qu'un sol trop las
Et le culte du Masque Pâle ou le silence du trépas !

STELLO

Puisqu'est venu pour moi le temps de disparaître,
Puisque plus rien n'est plus de ce qui fut peut-être,
Puisque tout, jusqu'au rêve, est désormais trop grand
Pour ce qui fut mon œuvre et retourne au néant...
Qu'aux ordres du Destin le cycle se referme
Et que ses cloches d'or résonnent jusqu'au terme !
Car tout doit, sous la loi suprême du Malheur,
Naître dans la douleur, vivre dans la douleur, mourir dans la douleur.

SCÈNE 4

LE DIABLE, LA MORT, STELLO

LA MORT

Si tout est vain, s'il n'est que poussière et que cendres,
Il suffit de ne plus agir et de m'attendre
— Et je viendrai, suivant la marche du Destin,
Et tu verras monter l'inexorable fin
Dans le calme et la paix, comme le soir qui tombe,
Et tu t'endormiras jusqu'au seuil de la tombe.

LE DIABLE

Tu n'as plus qu'à glisser dans l'oubli lentement,
Loin du gouffre d'un monde où plus rien ne t'attend
Sinon, s'évaporant déjà, le vain fantôme
De ce qui fut jadis ta terre et ton royaume.
Oublie la gloire ! Oublie ce mirage lointain !
Oublie tout ce qui fut, tout ce qui n'est plus rien !

SCÈNE 5

LE DIABLE, LA MORT, STELLO, LES PISTOLEROS

Les pistoleros traversent la scène à cheval par groupes de sept, chacun tenant un flambeau. Chaque groupe dit une strophe.

LE CHANT DES PISTOLEROS

Dans le désert et dans la plaine,
Au grand galop qui les entraîne,
S'en vont chantant à perdre haleine
Sept cavaliers et sept flambeaux :
C'est le chant des pistoleros !

Martelant le sol qui résonne
Du fracas des charges qui tonnent,
Nous ne craignons rien ni personne
Et nous crions au soleil d'or :
Vive la mort ! Vive la mort !

Et nous allons à travers l'ombre,
Cavalcadant dans les décombres
Jusqu'à la fin du jour qui sombre,
Et jamais la trompe du deuil
N'éclatera sur nos cercueils !

Dans un élan que rien n'arrête,
On verra jusqu'à nos squelettes
Monter à l'assaut des tempêtes,
Car dévorés par les vautours
Nos cadavres seront moins lourds !

Car notre clameur est plus forte
Que le Destin qui nous emporte,
Et le Ciel nous ouvre sa porte
Quand nous crions toujours plus fort :
Vive la mort ! Vive la mort !

SCÈNE 6

Le Diable, la Mort, Stello

Stello

En avant ! Le temps est venu de la dernière cavalcade,
Du grand assaut vers l'Océan jusqu'aux nefs des sombres peuplades !
En avant ! Car il n'est plus rien que la victoire et le trépas
Où règne l'éternel azur, sous la poussière de nos pas !

Le Diable et la Mort sortent.

SCÈNE 7

Stello, le chœur

Le chœur

Première partie

Et les obus lancés des monts sur les vaisseaux toujours à l'ancre
Crèvent les ponts et les nuées et leurs fumées font un ciel d'encre,
Enveloppant dans un grand deuil de fracas et de noirs flambeaux
Les passerelles et les tours précipitées dans le chaos !

Et dévalant comme du ciel les plus tempétueux orages,
De mille éclairs précipitant le cri, la flamme et le carnage,
Fendant la terre à tout jamais des coups de leurs sabots ardents,
Vont les chevaux à travers tout à l'assaut du jour éclatant !

Alors devant la flotte en feu, dans un tonitruant vacarme,
Les dragons freinent leurs chevaux et sur-le-champ déploient leurs armes,
Mitraillettes et bazookas pointés au loin sur les fuyards,
Sur les ombres des lourds vaisseaux croulant comme un dernier rempart.

Et nul ne voit régner plus rien, obscurcissant jusqu'à la voûte,
Qu'un voile noir partout dressé sur l'effroi des nefs en déroute,
Gonflant du pétrole et du fer qu'il a lui-même dévorés,
Toujours plus haut sans disparaître avant que tout en ait sombré.

Seconde partie

L'armée des Grandes Compagnies, des morts-vivants, du Roi en Jaune,
Brisée par la foudre du ciel, éparpillée par un cyclone,
Ne serait pas plus étonnée que par le coup que lui porta,
Surgi du tréfonds du désert, le glaive de la Sonora

— Et, pareille aux spectres errants dont les cris vont dans la nuit morte,
En cent échos retentissant à tous les vents qui les emportent,
Elle envoie jusqu'à l'horizon et jusqu'aux cieux dans le lointain
Des hululements de terreur, des malédictions sans fin.

Et cependant l'on voit monter une nuée, l'onde légère
Qu'en tournoyant sous le soleil lance éperdument la poussière
Et qui s'avance, immense brume où semblent retentir parfois,
Se répondant, s'entrechoquant, mille clameurs et mille voix.

À travers son voile incertain, quand il s'étend et se disperse
En s'éloignant de Guaymas, de loin en loin des formes percent,
Esquissant une ligne obscure et qui s'efface peu à peu
Pour resurgir plus nette encor sous la clarté du ciel de feu.

Et très distinctement paraît, vision que plus rien n'élague,
Dissipant de son clair flambeau le grand chaos des ombres vagues,
L'armée chargeant de toutes parts, ivre et folle du coup fatal
Qui fit sombrer la flotte entière au tréfonds du gouffre infernal.

ENSEMBLE

Comme deux trains sur un seul rail précipités dans le vacarme,
Faisant tonner par-dessus tout le bruit des chevaux et des armes,
L'une sur l'autre déchaînées jetant le flot de leur fureur,
Les deux armées font tout trembler, jusqu'au sol, de leurs pas vengeurs.

Et c'est le choc terrifiant de deux éclairs qui s'entretuent,
Mieux qu'à midi le grand soleil illuminant la sombre nue,
De deux forces que le Destin ne semble jeter ici-bas
Que pour trancher le sort du monde un jour de deuil et de fracas !

SCÈNE 8

LE ROI EN JAUNE, *à cheval*, STELLO, LE CHŒUR

*Pendant toute la première partie de la scène, le Roi en Jaune
et Stello, donnant des ordres, semblent ne pas se voir ou
s'ignorer.*

LE ROI EN JAUNE

En avant ! Au-dessus de tout ! À travers tout donnez la charge !

Pour le triomphe illimité de tous les peuples de la nuit !
Submergez l'Univers entier de votre flot toujours plus large !
Labourez de fer et de sang au grand galop le sol maudit !

Le chœur

Première partie

Alors l'armée du Roi en Jaune écrase tout de ses cohortes,
Avec l'implacable fureur des ouragans quand ils emportent
Parmi leurs sombres hurlements, spectres et songes éperdus,
D'un bout à l'autre des nuées les corps de ceux qui ne sont plus.

Stello

Tenez bon ! Face au noir chaos montant du fond d'un jour funeste,
Couronnant et parachevant mille fléaux et mille pestes
Et qui veut, surpassant encor la faux terrible du Destin,
Anéantir ce qui de nous n'a pas disparu par sa main !

Le chœur

Seconde partie

Et l'armée de la Sonora, vivante et sanglante muraille,
Comme un défi toujours dressé parmi l'enfer de la bataille,
Demeure au milieu des assauts, des étendards et des clameurs
Où retentit toujours plus haut la voix sans fin du Grand Malheur.

Tombent les morts et les blessés au vent effroyable qui passe,
Emportant tout de ce qui fut et dont s'éteint jusqu'à la trace !
Sonne l'heure et tonne le vent, siffle la faux au son du glas
En tournoyant comme le temps où tout s'enfonce et tout s'en va !

Le Roi en Jaune

Toujours plus en avant ! Que rien, pas même un spectre ne subsiste
Jusqu'à la porte de la terre où dort le flot des ombres tristes,

Là où sont Ceux des profondeurs, là où Cthulhu rêve et attend
De s'éveiller et de paraître à l'appel d'au-delà des temps !

Le chœur

Première partie

Et de nouveau l'on voit monter sous l'étendard du Signe Jaune,
Avec la dévastation et l'acharnement d'un cyclone,
Vision qu'eut en expirant plus d'un pour la dernière fois,
L'armée des Grandes Compagnies, des morts-vivants et du Grand Roi !

Alors toute la frénésie de terreur, de mort qu'elle sème,
Semble dans un ultime effort tendue vers quelque enjeu suprême
Dont inexorablement fuit le songe vague et glorieux,
La victoire ! et le règne ardent sur toute chose et dans les Cieux !

Seconde partie

Et comme à l'âpre dent du roc l'élan de la vague se brise,
En mille éclats s'éparpillant et s'écroulant dans l'onde grise,
Comme la voix précipitée au fond d'un gouffre, en son écho
S'abolit et se multiplie en cris de deuil toujours nouveaux,
Résonnant et puis se perdant jusqu'aux entrailles de la terre
Où nul ne verra jamais plus le souvenir de la lumière,
Ce dernier choc en un instant fait s'effondrer l'armée du Roi
Dont ne reste plus qu'un chaos d'entités, de corps et de voix.

Ensemble

Alors, montant de toutes parts au son des trompes qui l'appellent,
Faisant à tous les horizons retentir une heure éternelle,
C'est l'armée de la Sonora, lancée dans un dernier assaut,
Qui de son glaive anéantit les débris de l'armée des flots.

Et comme les vaisseaux brisés se sont enfoncés dans l'abîme
Où seul l'astre noir de la mort jette ses feux d'un point ultime,
Des spectres vagues par nuées vont en tous lieux, tourbillonnant,
Hypnotisés et calcinés par le soleil noir du néant.

Le Roi en Jaune

Tu l'emportes, maudit Stello ! Ta vie n'est que suprême insulte
Au Masque Pâle, au Signe, au Roi et jusqu'à notre très haut culte !
C'est par toi qu'en ce jour fatal échappe à mon auguste main
Le règne sombre de la Terre et de ses antres souterrains.
Sache pourtant que tout cela n'est rien ! que ma seule présence
Fait rayonner sur l'Univers l'ordre immortel de ma puissance,
      Car je suis le plus grand des souverains : je suis
      Le suprême héritier de la suprême race
Du Roi en Jaune, un roi que des empereurs ont servi,
      Vénérant et craignant l'éblouissante face
De la sombre lignée des rois créés et maudits par Hastur.

      Le Roi en Jaune est un souverain redoutable,
Un roi parmi les rois, un empereur parmi les empereurs ;
Et c'est par moi qu'il resurgit avec sa terrible splendeur,
Parcourant les lieux et les temps dans une marche inexorable,
      Roi de par mon droit en Hastur !

Je porte son manteau sacré qui défie le gouffre des siècles,
Revenant lorsque l'Univers s'arrête au terme de son cercle
Pour draper le Grand Souverain du flot jaune de ses haillons
— En lambeaux depuis qu'a sonné l'heure de la malédiction,
Quand le Roi en Jaune a trahi Hastur et la Voie du Non-Être.
Je viens accomplir sa mission jusqu'au fond des cieux les plus hauts,
Abolir le Destin brisé par le triomphe du Chaos,
Arracher au cycle du Temps ce qui doit mourir et renaître,
Proclamer la splendeur du jour que rien ne fait plus disparaître !

Stello

Je salue ton rang, ta grandeur, le sceptre et le manteau fatals
Qui sont pour l'Univers entier le sceau de ton règne infernal,
Ta couronne et le Masque Pâle, et tout ce qui dans la tourmente
Fait sur le monde épouvanté planer ton culte qui le hante,
Mais, Roi, tu n'es pas immortel !
      S'il se peut que ton nom le soit,
Je suis et demeure à jamais tout ce qui est plus grand que toi !
Pour l'édification des temps mon nom vivra bien plus encore,
Et c'est lui dont l'on entendra jusqu'au lointain l'écho sonore.

Cependant, pour que ton échec soit plus immense et plus certain,
Pour qu'en nul temps et qu'en nul lieu nul ne revoie ton spectre vain,
Il faut, dans un ultime assaut où tout jusqu'au Destin nous presse,
Que le sol s'ouvre sous tes pas et que de toi tout disparaisse !

Il prend son épée.

Le Roi en Jaune, *prenant son épée.*

C'est ton sang que verra couler ce sol maudit d'un flanc ouvert,
Ta tête qu'il verra rouler à la recherche de l'Enfer !
Vois déjà se rouvrir pour toi l'horreur d'une ombre sans mélange,
Entends là-bas pour ton retour monter le chœur des noirs Archanges !
Elle est déjà trop tard venue, l'heure où pour toi tout doit finir,
Mais si je n'ai pu triompher je peux du moins t'anéantir !

*Stello et le Roi en Jaune se précipitent l'un sur l'autre et se
transpercent l'un l'autre de leurs épées.*

ÉPILOGUE

Le chœur

Ainsi le Destin l'a voulu. Sa roue tourne et ses cloches sonnent.
Les coups de son marteau d'airain n'ont jamais ignoré personne.
Les nuages s'en vont au loin dans le vent glacé du désert
Où tout renaît et se dissout, comme des vagues dans l'éther.

Cependant, au-dessus de l'ombre et de la tempête éternelles,
Transperçant tout de son éclat l'étoile de Stello l'appelle,
Et montant déjà loin des airs comme en un songe glorieux,
De nouveau et par-dessus tout il franchit la porte des Cieux.

Vient le temps où sur Guaymas résonne le dernier tonnerre,
Retentissant toujours plus loin d'un bout à l'autre de la terre,
Annonçant du dernier péril, en ses grondements incertains,
Le trépas en ses mille échos se prolongeant, et c'est la fin.

Pourtant, sous le sol dévasté demeure une sourde menace,
Mystérieuse, suspendue au sommeil de la sombre race,
Cachée durant des siècles vains au fond des gouffres abyssaux
Où nul ne sait quand resurgit l'effroi d'un jour toujours nouveau,
Où nul ne sait de quels tourments l'on rêve et l'on se remémore
— Et Ceux des profondeurs, là-bas, dorment toujours, dorment encore.

POURQUOI ADHÉRER A L'ODS

En plus de rassembler toute une « faune de l'espace » passionnée de littératures de l'imaginaire, science-fiction, fantastique, fantasy, etc et tant de chercheurs érudits des univers de l'étrange, l'ODS est une association active qui organise ou coordonne de nombreux événements dans les domaines qui nous intéressent.

C'est un fait que l'activité de publication de fanzines qui était son expression principale à ses débuts a dû être transférée vers notre maison d'édition, EODS, faute de lecteurs assidus dans un secteur qui s'est peu à peu reporté vers le web. Certaines revues ont disparu, d'autres sont nées à cette occasion. Force est de nous adapter au potentiel du lectorat d'aujourd'hui, et nous voilà au XXIe siècle !

Toutefois, tout en nous adaptant, nous tenons, à l'ODS, à préserver cette convivialité qui fut toujours la première motivation de notre existence associative. C'est pourquoi nous poursuivons avant tout l'organisation de rencontres, conférences, congrès, dîners thématiques et autres missions scientifiques autour des thèmes qui nous sont chers. Participer à ces nombreuses activités, les organiser ou permettre à certains invités de venir y présenter leurs travaux, voilà aujourd'hui la vocation de l'ODS. Ainsi, tout au long de l'année, vous êtes conviés à nous rejoindre lors de dîners informels, comme celui du Nouvel Eon en janvier, et toutes sortes de rencontres à thèmes intitulées « on the spot », selon le calendrier de la venue d'auteurs en région parisienne, ainsi qu'à des colloques de haute teneur dont ceux organisés à Rennes-le-Château (ARTBS) ou à Paris comme le Congrès Fortéen, les journées Heuvelmans ou Jacques Bergier, etc, mais aussi à nous rendre visite sur les stands des nombreuses conventions auxquels nous participons.

L'organisation de ces événements et la participation de l'association à ceux organisés par d'autres sont aujourd'hui devenus notre activité principale, car c'est ce qui fait vivre notre univers littéraire et préserve ce caractère unique qui nous plaît. Si certains supports de lecture disparaissent petit à petit au profit de medias plus modernes — du fanzine au webzine, des listes de discussions aux réseaux sociaux, etc. — il reste que nous sommes tous attachés aux livres originaux au format papier, non seulement à l'objet que l'on peut aujourd'hui commander en trois clics, mais surtout à ce qui va autour, c'est-à-dire les rencontres, les discussions, le partage et les possibles collaborations qui s'improvisent au gré des initiatives de nos membres les plus passionnés et, bien entendu, au plaisir de lire !

La participation de chacun à cette fourmillante activité littéraire et autour de la littérature se coordonne le plus simplement possible par le moyen de notre association, et c'est la raison d'être de l'ODS. En y adhérant, et surtout en participant par votre présence et votre concours à ces rencontres, ainsi qu'à la naissance et la réalisation de nouveaux projets, vous nous aidez à prolonger la vie de notre multivers littéraire. Bienvenue à tous et merci pour votre présence !

Emmanuel Thibault,
membre du Conseil de AODS.

LES ÉDITIONS DE L'ŒIL DU SPHINX

SARL au capital de 15.245 €

R.C.S. Paris B 432 025 864 (2000 B11249)

36-42 rue de la Villette

75019 PARIS

Mail ods@oeildusphinx.com

http://www.œildusphinx.com

Tél 09.75.32.33.55

Fax 01.42.01.05.38

Toutes nos parutions sont sur :

http://boutique.oeildusphinx.com

Achevé d'imprimer par Kindle Direct Publishing
(KDP) en Juillet 2024